Traduit de l'anglais (États-Unis)
par Anne Bazaugour
Maquette : Émilie Guillemin
Design de couverture : Bernard Amiard

10 place des Cinq-Martyrs-du-Lycée-Buffon
75015 Paris – France
ISBN : 979-10-285-0078-8

GARY CHAPMAN

AU CŒUR DES 5 LANGAGES DE L'AMOUR

LEDUC

SOMMAIRE

PREMIER CHAPITRE

Rester amoureux après le mariage

Comment expliquer que si peu de couples aient trouvé le secret pour entretenir la flamme après le mariage ? Comment un couple peut-il assister à un séminaire sur la communication, se nourrir d'idées intéressantes sur la façon d'améliorer sa relation, puis rentrer à la maison et se trouver totalement incapable d'appliquer les conseils qu'il vient d'entendre ?

L'objectif de ce livre est de trouver la réponse à ces questions. Cela ne signifie pas que les livres et articles déjà publiés sur le sujet soient inutiles. Non, le problème vient du fait que nous avons négligé une vérité fondamentale : tout le monde ne parle pas le même langage de l'amour.

Nous apprenons en grandissant la langue de nos parents, notre langue maternelle. Plus tard, nous pouvons apprendre d'autres langues, mais cela demande en général plus d'efforts. Les différences linguistiques font partie intégrante de la culture humaine.

Il en va de même pour l'amour. Votre langage de l'amour et celui de votre conjoint peuvent être aussi éloignés que le chinois l'est du français. Vous aurez beau essayer d'exprimer votre amour en français, si votre moitié ne parle que le chinois, vous ne réussirez jamais à partager vos sentiments. La sincérité ne suffit pas. Nous devons être prêts à apprendre le langage de notre conjoint pour bien communiquer.

Cela fait trente ans que j'exerce en tant que conseiller conjugal et j'ai identifié cinq langages affectifs – cinq façons dont les gens parlent et comprennent l'amour. Toutefois, il peut y avoir de nombreux dialectes au sein même de ces cinq langues. L'important est de parler la langue émotionnelle de l'autre.

Une fois que vous aurez discerné le langage d'amour de votre conjoint et que vous aurez appris à le parler, je suis convaincu que vous découvrirez la clé d'un mariage durable et plein d'amour. Il n'y a pas de raison que l'amour s'envole après le mariage, mais pour l'entretenir, il faudra faire l'effort d'apprendre la langue de l'être aimé.

Au cœur de l'existence de l'homme se trouve le désir de se sentir aimé et proche d'un autre être. Le mariage est conçu pour répondre à ce besoin d'intimité et d'amour. C'est la raison pour laquelle les écritures bibliques parlent du mari et de la femme comme devenant « une seule chair ». Cela ne signifie pas que les individus perdent leur identité, mais qu'ils entrent dans la vie de l'un et de l'autre d'une manière profonde et intime.

J'ai entendu en boucle les mots : « Notre amour a disparu, notre relation est morte. Nous étions très proches, mais ce n'est plus le cas désormais. Nous n'apprécions plus de passer du temps ensemble. Nous ne répondons pas à nos besoins mutuels. » Les histoires de ces couples portent le témoignage que les adultes, tout comme les enfants, ont des « réservoirs d'amour ».

Je suis convaincu que maintenir ce réservoir émotionnel plein est tout aussi important pour un mariage que de conserver le bon niveau d'huile pour une voiture. Faire tenir un mariage sur un « réservoir d'amour » vide peut vous coûter bien plus que d'essayer de conduire votre voiture sans huile. Quelle que soit la qualité de votre mariage aujourd'hui, elle peut toujours s'améliorer.

ATTENTION : Comprendre les cinq langages de l'amour et apprendre le premier langage d'amour de votre partenaire peut affecter radicalement son comportement. Les personnes se conduisent différemment lorsque leurs réservoirs d'amour sont pleins.

Avant de détailler les cinq langages de l'amour, il nous faut aborder un phénomène important mais déroutant : l'expérience enivrante du « coup de foudre ». À son pic, le coup de foudre rend euphorique. Nous sommes émotionnellement obsédés l'un par l'autre. Nous nous endormons en pensant à l'autre. Lorsque nous nous réveillons, cet autre est la première pensée qui nous vient à l'esprit. Nous nous languissons d'être ensemble.

La personne amoureuse a l'illusion que l'objet de son affection est parfait.

Nous avons appris à croire que, si nous sommes amoureux, cela durera toujours. Nous ressentirons toujours ces sentiments merveilleux que nous éprouvons en ce moment. Rien ne pourra jamais se mettre entre nous. Rien ne dépassera jamais l'amour que nous nous portons.

Cependant, nous finissons tous par redescendre de notre petit nuage. Nous ouvrons les yeux et nous voyons les défauts de l'autre. Certains traits de sa personnalité se révèlent même irritants. Il est capable de nous blesser et de faire preuve de colère, voire même de prononcer des mots durs et d'émettre des critiques. Ces défauts qui paraissaient insignifiants lorsque nous étions amoureux prennent des proportions énormes.

Bienvenue dans le monde réel du mariage où il y a toujours des cheveux dans le lavabo et des éclaboussures de dentifrice sur le miroir, où les disputes se concentrent sur la manière de placer le papier toilette ou de relever ou non la lunette. Dans cet univers, un regard peut blesser et une parole anéantir. Les amants peuvent devenir des ennemis, et le mariage un champ de bataille.

Qu'est-il arrivé au sentiment amoureux ? Hélas, ce n'était qu'une illusion qui nous a incités à signer en bas d'un document officiel, pour le meilleur et pour le pire. Nous aimions-nous vraiment ? Je le pense. Le problème réside dans une mauvaise information.

L'euphorie du sentiment amoureux nous donne l'impression illusoire que nous avons une relation profonde. Nous avons le sentiment que nous appartenons l'un à l'autre. Nous sommes convaincus que nous pouvons triompher de tous les problèmes.

Cela signifie-t-il qu'une fois liés par les liens du mariage, piégés par l'illusion d'être amoureux, nous n'ayons plus que deux options : 1. être destiné à une vie de misère avec notre conjoint ou 2. quitter le navire et recommencer ?

Non, il existe une alternative : reconnaître le coup de foudre pour ce qu'il est – une expérience émotionnelle intense mais éphémère – et rechercher désormais « l'amour véritable » avec notre conjoint.

Pour être émotionnellement en bonne santé, notre besoin d'amour doit être satisfait. Les personnes mariées désirent ressentir affection et amour de la part de leur partenaire. Lorsque le réservoir affectif de votre conjoint est plein et qu'il se sent sécurisé par l'amour que vous lui portez, votre partenaire voit alors le monde sous un jour meilleur et est prêt à révéler le meilleur de lui-même.

DEUXIÈME CHAPITRE

Langage de l'amour 1

Les paroles valorisantes

Prononcer des paroles fortes et positives est une manière d'exprimer son amour. On doit à Salomon bien des sagesses anciennes, dont celle-ci : « La mort et la vie sont au pouvoir de la langue. »* Bien des couples n'ont jamais compris à quel point il était important de se soutenir par des paroles douces. Salomon a également dit : « L'inquiétude dans le cœur de l'homme l'abat, mais une bonne parole le réjouit. »**

---

* Ancien Testament, Proverbes, 18:21

** Ancien Testament, Proverbes, 12:25

Les compliments, ou les paroles valorisantes, sont de puissants communicateurs d'amour. Mieux vaut les exprimer à l'aide d'affirmations valorisantes, simples et directes, telles que :

- « Tu es élégant dans ce costume. »
- « Comme tu es belle dans cette robe ! Waouh ! »
- « Tu es sans aucun doute la meilleure cuisinière de pommes de terre au monde. Je les adore ! »
- « J'apprécie vraiment que tu aies fait la vaisselle de ce soir. »

Des paroles d'encouragement

Adresser des compliments n'est pas la seule manière d'affirmer votre soutien à votre conjoint. Les paroles d'encouragement constituent un autre dialecte. Le terme encourager signifie « inspirer du courage ». Nous avons tous des domaines dans lesquels nous ne nous sentons pas à l'aise. Manquant de courage, nous n'arrivons pas à réaliser les projets positifs qui nous enthousiasment. Votre conjoint attend peut-être vos encouragements pour s'épanouir là où il tâtonne encore, se sent hésitant.

Beaucoup d'entre nous n'exploiterons jamais la totalité du potentiel que nous possédons. Nous venons de le dire, ce qui nous retient souvent d'agir est un manque de courage. Un partenaire aimant peut vous fournir l'inspiration qui vous fait défaut. Cependant, prononcer naturellement des paroles d'encouragement vous sera peut-être difficile. Si ce langage d'amour n'est pas naturel pour vous, vous devrez fournir un gros effort. D'autant plus si vous avez l'habitude d'être critique et réprobateur. Mais je peux vous garantir que cela en vaut la peine.

Des paroles aimables

L'amour est doux. Si nous voulons communiquer de l'amour verbalement, nous devons prononcer des paroles aimables. Une même phrase peut avoir deux significations différentes selon la manière dont vous la prononcez. Dire « je t'aime » avec tendresse et douceur peut constituer une véritable déclaration d'amour. Mais si l'on dit « Je t'aime ? » sur un ton interrogatif, le sens de ces trois mots change radicalement. Parfois nos paroles disent une chose, mais notre ton en dit une autre : nous envoyons ainsi des doubles messages. Notre conjoint interprétera généralement nos paroles à partir de notre ton, et non des mots employés.

La manière dont nous nous exprimons est extrêmement importante. Un vieux sage a dit un jour : « Une réponse douce calme la fureur. » Lorsque votre conjoint est furieux et s'enflamme, si vous choisissez d'être aimant, vous répondrez par une voix douce, et non par une escalade de la colère. S'il ne comprend pas votre point de vue, vous pourrez lui expliquer calmement. Cherchez la compréhension et la réconciliation, au lieu de prouver que votre avis est le seul valable. Voilà ce qu'est l'amour adulte, l'amour que nous devons rechercher si nous aspirons à un mariage épanouissant.

L'amour ne compte pas les points. Il ne réveille pas les échecs passés. Personne n'est parfait. Dans le mariage, nous ne faisons pas toujours ce qui est bien ou ce qui est juste. Nous avons parfois blessé notre conjoint par nos paroles ou nos actes et nous ne pouvons pas changer le passé. En revanche, nous pouvons reconnaître nos erreurs et admettre que nous avions tort. Il est possible de demander pardon et de faire en sorte d'agir mieux à l'avenir. Si au contraire je cherche à faire justice et à punir mon conjoint ou à lui rendre la pareille, je me fais juge et je le désigne criminel. L'intimité devient alors impossible. Mais si je choisis de pardonner, l'intimité peut être restaurée. Le pardon est le chemin de l'amour.

Des paroles humbles

L'amour invite, il n'exige pas. Si j'exige quelque chose de mon conjoint, je deviens le parent et lui l'enfant. Or, dans le mariage, nous sommes des conjoints adultes et égaux. Certes, nous ne sommes pas parfaits, mais nous sommes des adultes et des partenaires. Si nous désirons développer une relation intime, nous avons besoin de connaître les désirs de l'autre. Si nous voulons nous aimer, nous avons besoin de savoir ce que l'autre veut.

La manière dont nous exprimons ces désirs, en revanche, est de la plus grande importance. S'ils passent pour des exigences, nous effaçons alors toute possibilité d'intimité et nous éloignons notre conjoint. Au contraire, si nous faisons connaître nos besoins et nos désirs sous forme de requêtes, nous formulons alors une orientation, au lieu d'imposer une obligation.

Des dialectes variés

Les paroles valorisantes sont un des cinq langages fondamentaux de l'amour. Au sein de ce langage, on trouve de nombreux dialectes.

Nous en avons déjà mentionné quelques-uns, mais il en existe bien d'autres. Un nombre considérable de livres et d'articles ont été écrits à propos de ces dialectes. Ils préconisent tous l'usage des mots pour valoriser son conjoint. Lorsque vous assistez à une conférence sur l'amour ou lorsque vous entendez un ami dire du bien d'une autre personne, prenez des notes. Avec le temps, vous obtiendrez un bon échantillon de paroles dans lesquelles piocher pour communiquer de l'amour à votre conjoint.

Vous pouvez aussi essayer les paroles valorisantes indirectes : vous pouvez dire du bien de votre conjoint lorsqu'il est absent. Quelqu'un finira par lui rapporter vos propos, et l'amour sera gagnant. Dites à la mère de votre partenaire à quel point vous trouvez ce dernier merveilleux. Lorsque sa mère lui répétera vos paroles, celles-ci seront peut-être amplifiées et cela sera d'autant plus valorisant. Mettez également votre conjoint en avant devant les autres en sa présence. Lorsque vous recevez une distinction, n'oubliez pas de partager ce succès avec lui. Essayez-vous enfin à l'écriture de paroles positives. L'écrit a cet avantage de pouvoir être lu et relu.

SI LE LANGAGE DE L'AMOUR DE VOTRE CONJOINT CORRESPOND AUX PAROLES VALORISANTES :

- Rappelez-vous : les mots sont importants !
- Écrivez-lui une lettre d'amour.
- Donnez-vous pour objectif de faire un compliment à votre conjoint chaque jour pendant un mois.

TROISIÈME CHAPITRE

Langage de l'amour 2

Les moments de qualité

Lorsque je m'assois dans le canapé avec ma femme et que je lui consacre toute mon attention pendant vingt minutes, et qu'elle fait la même chose pour moi, nous nous donnons vingt minutes de vie. Nous ne pourrons jamais rattraper ces minutes : nous nous sommes véritablement offert nos vies un instant. C'est un moyen puissant de partager notre amour.

Être ensemble

Au cœur des moments de qualité se trouve l'intimité. Je ne parle pas de proximité. Deux personnes assises dans la même pièce sont proches physiquement, mais elles ne le sont pas forcément émotionnellement. L'intimité se caractérise par une grande attention. Lorsqu'un père est assis sur le sol et qu'il fait rouler un ballon vers son fils de deux ans, son attention n'est pas portée sur le ballon mais sur son enfant. Peu importe le temps que dure ce moment, ils sont ensemble. Si toutefois le père téléphone en même temps qu'il joue au ballon, son attention est réduite.

De même, lorsqu'un mari et une femme jouent ensemble au tennis, dans le cas de véritables moments de qualité, leur attention ne sera pas centrée sur le jeu mais sur le fait de partager cette activité ensemble. Le principal se situe au niveau émotionnel.

Des dialogues de qualité

Comme les paroles valorisantes, les moments de qualité possèdent aussi plusieurs variantes. L'une des plus répandues est le dialogue de qualité. Je l'imagine comme un dialogue bienveillant au travers duquel deux individus partagent leurs expériences, leurs pensées, leurs sentiments et leurs désirs dans un contexte chaleureux et ininterrompu.

Il ne faut pas confondre les dialogues de qualité et les paroles valorisantes ; les seconds se concentrent sur ce que nous disons, les premiers sur ce que nous entendons. Si je partage mon amour avec toi à travers des moments de qualité, et que nous passons ce temps à dialoguer, j'essaierai de t'aider à te confier et je t'écouterai avec empathie.

Une relation amoureuse nécessite une écoute bienveillante dans le but de comprendre les pensées, les sentiments et les désirs de l'autre. Apprendre à écouter peut être aussi difficile que d'apprendre une langue étrangère, mais cet apprentissage est nécessaire si nous voulons communiquer notre amour. Voici quelques conseils pour savoir bien écouter :

1. Maintenez le contact visuel lorsque votre conjoint parle.
2. Ne faites rien d'autre quand vous écoutez votre conjoint.
3. Soyez attentif aux émotions.
4. Observez le langage du corps.
5. Interdisez-vous de l'interrompre.

Apprendre à parler

Les dialogues de qualité nécessitent non seulement une écoute bienveillante, mais aussi de se dévoiler. Lorsqu'une épouse dit : « J'aimerais que mon mari parle. Je ne sais jamais ce qu'il pense ou ce qu'il ressent », elle exprime un besoin d'intimité. Pour qu'elle se sente aimée, son mari doit apprendre à s'ouvrir à elle. Si les moments de qualité constituent son principal langage de l'amour, son réservoir émotionnel ne sera jamais plein tant que son conjoint ne lui confiera pas ses pensées et ses sentiments.

Nous ne sommes pas tous en contact avec nos émotions, mais lorsqu'il s'agit de s'exprimer, nous sommes tous influencés par notre personnalité. J'ai identifié deux grandes catégories de personnalités. J'ai nommé la première la « mer Morte » : en Israël, la mer de

Galilée s'écoule au sud par le fleuve Jourdain dans la mer Morte. Cette mer ne va nulle part. Elle reçoit mais ne donne pas. Ce type de personnalité est confrontée à de nombreuses expériences, émotions et pensées tout au long de la journée. Elle possède un grand réservoir dans lequel elle stocke l'information et elle est parfaitement satisfaite de ne pas en parler.

À l'opposé se trouve la personnalité que j'appelle le « ruisseau gazouillant ». Ce qui frappe l'œil ou l'oreille sort par la bouche, souvent en moins de soixante secondes. Ce type de personnalité parle de tout ce qu'il voit et de tout ce qu'il entend. Il arrive souvent qu'une mer Morte épouse un ruisseau gazouillant. En effet, lorsqu'ils se rencontrent et commencent à se fréquenter, ces deux personnalités s'accordent bien.

Mais cinq ans après le mariage, le ruisseau gazouillant se réveille un matin et se dit : « Voilà cinq ans que nous sommes mariés et je ne le connais pas vraiment. » De son côté, la mer Morte pense : « Je le connais trop bien. J'aimerais qu'il se calme et me laisse un peu tranquille. » La bonne nouvelle, c'est que la mer Morte peut apprendre à parler et que le ruisseau gazouillant peut apprendre à écouter. Certes, notre personnalité nous influence, mais elle ne nous contrôle pas.

Une bonne manière d'adopter de nouvelles habitudes est de partager chaque jour un moment privilégié : à tour de rôle, chacun parle de trois choses qui lui sont arrivées ce jour-là et de la réaction émotionnelle qu'elles ont suscitée. Je l'appelle le « minimum quotidien requis » pour un mariage sain. Si vous suivez cette prescription, vous constaterez que d'ici quelques semaines ou quelques mois, les dialogues de qualité seront devenus plus naturels.

Les activités de qualité

Les activités de qualité peuvent inclure tout ce qui intéresse au moins l'un d'entre vous. L'accent ne porte pas sur ce que vous faites mais sur la raison pour laquelle vous le faites. L'objectif est de partager un moment ensemble, et d'en sortir en pensant : « Il se soucie de moi. Il était prêt à faire quelque chose que j'apprécie avec moi, et il l'a fait avec une attitude positive. » Voilà ce qu'est l'amour, et pour certaines personnes, il s'agit de sa forme la plus puissante.

Une des conséquences indirectes des activités de qualité est qu'elles fournissent une banque de souvenirs dans laquelle on pourra piocher dans les années à venir. Qu'il a de la chance, ce couple qui se souvient d'une balade au petit matin le long de la plage, des graines de fleurs semées dans le jardin, ou du jour où ils ont suivi la piste du lapin à travers les bois. Ces souvenirs d'amour sont particulièrement importants pour la personne qui considère les moments de qualité comme essentiels.

SI LE LANGAGE DE L'AMOUR DE VOTRE CONJOINT CORRESPOND AUX MOMENTS DE QUALITÉ :

- Faites une promenade ensemble dans le quartier où l'un d'entre vous a grandi. Posez des questions à votre conjoint à propos de son enfance.
- Organisez un déjeuner avec votre conjoint.
- Demandez à votre conjoint une liste de cinq activités qu'il souhaiterait faire avec vous.
- Pensez à une activité que votre conjoint apprécie, mais qui vous est aussi agréable.

QUATRIÈME CHAPITRE

Langage de l'amour 3

Les cadeaux

Un cadeau est quelque chose que vous pouvez tenir dans votre main et dont vous pouvez dire : « Regarde, il a pensé à moi » ou « Elle s'est souvenue de moi ». Pour lui faire un cadeau, vous devez penser à votre conjoint. Le cadeau en lui-même n'est que le symbole de cette pensée. Que cela coûte cher n'a pas d'importance. Ce qui compte est que vous ayez pensé à lui. D'ailleurs, le principal n'est pas tant cette simple pensée que le fait de l'avoir concrétisée en vous procurant un cadeau et en le lui offrant comme témoignage d'amour.

Les cadeaux peuvent être de toute taille, de toute couleur et de toute forme. Certains coûtent cher, tandis que d'autres sont gratuits. Pour la personne dont les cadeaux sont le principal langage de l'amour, le prix n'aura guère d'importance, à moins qu'il n'ait rien à voir avec vos ressources. Si un millionnaire offre régulièrement des cadeaux à un euro, son conjoint peut se demander s'ils sont vraiment un témoignage de son amour. Mais lorsque les moyens d'une famille sont limités, un cadeau à un euro peut exprimer un million d'euros d'amour.

Les cadeaux et l'argent

Si vous voulez passer maître dans l'art d'offrir des cadeaux, vous devrez peut-être changer votre rapport à l'argent. Nous avons tous une vision personnelle de la place de l'argent, et nous y associons différentes émotions. Certains d'entre nous ont tendance à dépenser, et ils se sentent bien de cette façon. D'autres ont une perspective d'épargne et d'investissement, dont ils tirent de la fierté.

Si vous êtes dépensier, vous n'aurez pas de difficultés à acheter des cadeaux pour votre conjoint ; mais si vous êtes économe, vous résisterez à l'idée de dépenser votre argent comme témoignage d'amour. Si vous découvrez que les cadeaux sont le principal langage de l'amour de votre conjoint, lui en offrir est alors le meilleur investissement que vous puissiez faire. Ainsi, vous investissez dans votre couple et vous remplissez le réservoir d'amour de votre partenaire. Avec un réservoir plein, il saura à son tour vous répondre dans un langage émotionnel que vous comprenez.

Le don de soi

Il existe un cadeau immatériel bien plus puissant que n'importe quel objet qui peut être tenu entre nos mains. Je l'appelle le don de soi ou le cadeau de présence. Être là quand votre conjoint a besoin de vous est un message fort pour celui dont les cadeaux constituent le principal langage de l'amour. Jeanne me dit un jour :

– Mon mari, Daniel, aime le football plus que moi.

– Pourquoi dites-vous cela ? demandai-je.

– Le jour où notre bébé est né, il a joué au football. J'ai passé tout l'après-midi allongée dans un lit d'hôpital alors qu'il tapait dans un ballon.

– Était-il présent lorsque le bébé est né ?

– Oui. Il est resté le temps que le bébé naisse, mais dix minutes après, il est parti jouer au football. J'étais effondrée. C'était un moment tellement important dans nos vies. Je voulais vraiment que nous le partagions ensemble. Je voulais qu'il soit là avec moi. Daniel m'a abandonnée pour aller jouer au foot.

Le mari de Jeanne aurait bien pu lui envoyer une douzaine de roses, que cela n'aurait jamais remplacé sa présence à ses côtés à la maternité. Le « bébé » a maintenant quinze ans mais Jeanne parle de sa naissance comme si elle datait d'hier. Je continuai donc mes questions :

– Vous avez donc pensé que Daniel aimait le football plus que vous sur cette unique expérience ?

– Oh, non. Le jour de l'enterrement de ma mère, il est aussi allé jouer au foot.

– Est-il allé à l'enterrement ?

– Oui. Il est venu aux obsèques, mais dès que ça a été fini, il est parti jouer. Je n'arrivais pas à y croire. Mes frères et sœurs sont rentrés à la maison avec moi, mais mon mari jouait au football.

Plus tard, je questionnai Daniel sur ces deux événements. Il savait exactement de quoi je parlais :

– Je savais qu'elle aborderait le sujet, dit-il. J'ai été présent pendant toute la durée du travail à la maternité et lorsque le bébé est né. J'ai même pris des photos. J'étais si heureux. J'étais impatient de l'annoncer à l'équipe, mais je suis redescendu de mon petit nuage quand je suis revenu à l'hôpital ce soir-là. Elle était furieuse contre moi, je n'arrivais pas à croire ce qu'elle disait. Au contraire, je pensais qu'elle serait fière de moi d'avoir partagé cette grande nouvelle avec mon équipe. Et lorsque sa mère est morte ? Elle ne vous a probablement pas dit que j'avais posé une semaine de congés avant son décès et passé tout ce temps entre l'hôpital et la maison de sa mère pour faire des réparations. Après sa mort et l'enterrement, j'avais l'impression d'avoir accompli tout ce qui était en mon pouvoir. J'avais besoin d'un moment de répit. J'aime jouer au football et je savais que ça m'aiderait à souffler et à me libérer de mes tensions. Je pensais qu'elle serait contente que je prenne un peu de repos. J'avais fait tout ce que j'imaginais être important à ses yeux, mais ce n'était pas assez. Elle ne m'a jamais laissé oublier ces deux jours-là. Elle dit que j'aime le football plus qu'elle. C'est ridicule.

Daniel est un mari sincère qui n'avait pas conscience du pouvoir incroyable du don de soi. Pour sa femme, sa présence à ses côtés était plus importante que tout le reste. Une présence physique en cas de crise est le plus beau cadeau que vous puissiez faire à votre conjoint, si les cadeaux sont son principal langage de l'amour.

Si la présence physique de votre conjoint est importante pour vous, je vous conseille vivement de lui en parler. N'attendez pas qu'il lise dans vos pensées. De même, si votre partenaire vous dit : « J'ai vraiment besoin que tu sois avec moi ce soir, demain, cet après-midi », prenez cette demande au sérieux.

Presque toute la littérature sur l'amour indique qu'au cœur de l'amour se trouve l'esprit de don. Les cinq langages amoureux nous invitent à ce don envers notre conjoint, mais recevoir des cadeaux, symboles visibles de l'amour, touche certains d'entre nous plus particulièrement.

SI LE LANGAGE DE L'AMOUR DE VOTRE CONJOINT CORRESPOND AUX CADEAUX :

- Imaginez une ribambelle de cadeaux, comme par exemple : le matin, laissez à votre conjoint une boîte de bonbons ; l'après-midi, faites-lui livrer des fleurs ; le soir, offrez-lui une belle chemise.
- Fabriquez un cadeau pour votre conjoint.
- Offrez un cadeau à votre conjoint tous les jours pendant une semaine.

CINQUIÈME CHAPITRE

Langage de l'amour 4

Les services rendus

Jésus-Christ a offert une illustration simple mais profonde du témoignage d'amour par un service rendu, en lavant les pieds de ses disciples. Dans une culture où les hommes portaient des sandales et marchaient dans des rues poussiéreuses, il était de coutume qu'un serviteur de la maison lave les pieds des invités à leur arrivée. Jésus, qui avait enseigné à ses disciples à s'aimer les uns les autres, leur a montré comment exprimer cet amour en prenant une bassine et une serviette, et en leur lavant les pieds.* Après ce témoignage

* Évangile selon saint Jean, 13:3-17

simple d'amour, il a encouragé ses disciples à suivre son exemple.

Quelque temps avant, Jésus avait annoncé qu'en son royaume, les grands seraient serviteurs. Dans la plupart des sociétés, les plus puissants dominent les plus faibles, mais pour Jésus c'est l'inverse, et les grands doivent se mettre au service des autres. L'apôtre Paul a résumé cette philosophie en ces termes : « Rendez-vous, par la charité, serviteurs les uns des autres. »*

Paillasson ou amant ?

« Je me suis occupé de lui pendant vingt ans. J'ai été aux petits soins avec lui. Il m'a traitée comme un paillasson et il m'a ignorée, maltraitée et humiliée devant mes amis et ma famille. Je ne

*Épître aux Galates, 5:13

le hais pas. Je ne lui souhaite aucun mal, mais je lui en veux et je ne veux plus vivre avec lui. » Pendant vingt ans, cette épouse a accompli des services rendus, mais ils n'ont pas été un témoignage d'amour. Ils étaient guidés par la peur, la culpabilité et le ressentiment.

Un paillasson est un objet inanimé. Vous pouvez vous essuyer les pieds dessus, marcher dessus, lui donner un coup de pied ou lui faire ce que vous voulez. Il n'a pas de volonté propre. Il peut être votre serviteur mais pas votre amant. Lorsque nous traitons nos conjoints comme des objets, nous écartons la possibilité de s'aimer. Faire culpabiliser (« Si tu étais une bonne épouse, tu ferais cela pour moi ») n'est pas un langage de l'amour. Contraindre par la peur (« Fais ça ou tu vas le regretter ») est aussi étranger à l'amour. Personne ne devrait être traité comme un paillasson.

Dépasser les stéréotypes

Apprendre le langage des services rendus exige que certains d'entre nous reviennent sur leurs visions des rôles de mari et femme.

Mark a fait ce que la plupart d'entre nous faisons naturellement. Il a suivi le modèle de ses parents, mais il ne l'a pas reproduit à l'identique. Son père avait l'habitude de laver la voiture et de tondre la pelouse. Mark non, mais c'est l'idée qu'il se faisait du rôle de mari : il ne s'imaginait absolument pas passant l'aspirateur ou changeant la couche du bébé. Il faut dire en sa faveur qu'il a accepté de se libérer de ce stéréotype quand il a compris à quel point c'était important pour Mary. Nous devons tous être capables de flexibilité au cas où le principal langage d'amour de notre conjoint nous réclame quelque chose qui, à nos yeux, semble inapproprié.

En raison des changements sociologiques des trente dernières années, il n'existe plus de stéréotype commun définissant la place de l'homme et de la femme dans les sociétés occidentales. Cela ne signifie pas que les stéréotypes ont tous disparu. Au contraire, ils sont plus nombreux. En revanche, avec l'omniprésence de la télévision et la multiplication des familles monoparentales, les modèles sont souvent influencés par des éléments extérieurs au foyer. Quelle que soit l'idée que vous vous faites de votre rôle de mari ou de femme, il est fort probable que votre conjoint le conçoive différemment. Si l'on veut mieux exprimer l'amour, il faut avoir la volonté d'analyser et de changer nos stéréotypes.

Une épouse m'a dit récemment :

– M. Chapman, je vais recommander à tous mes amis de suivre votre séminaire.

– Pourquoi cela ?

– Parce que ce séminaire a transformé notre mariage. Avant, Robert ne m'aidait jamais à faire quoi que ce soit. Nous avons tous deux commencé à travailler après l'université, mais je devais toujours tout faire à la maison. J'avais l'impression qu'il ne lui venait jamais à l'esprit de m'aider. En rentrant du séminaire, il a commencé à me demander : « Comment puis-je t'aider ce soir ? » C'était inespéré. Au début, j'avais même du mal à y croire, mais cela dure depuis maintenant trois ans. Je dois admettre qu'il y a eu des moments éprouvants et assez drôles les premières semaines car il ne savait rien faire. La première fois qu'il a fait la lessive, il a utilisé de la javel pure au lieu de la lessive habituelle. Nos serviettes de toilette bleues sont ressorties à pois blancs… Mais il m'aimait dans mon langage, et mon réservoir se remplissait… Croyez-moi, j'ai appris son langage de l'amour, et je maintiens son réservoir plein. »

Est-ce aussi simple ? Simple ? Oui. Facile ? Non. Robert a dû travailler dur pour se libérer du stéréotype dans lequel il avait vécu pendant 35 ans. Cela lui a demandé beaucoup d'efforts, mais il vous conseillerait à son tour d'apprendre le principal langage de l'amour de votre conjoint et de choisir de le parler, car cela améliore nettement le climat émotionnel du mariage.

SI LE LANGAGE DE L'AMOUR DE VOTRE CONJOINT CORRESPOND AUX SERVICES RENDUS :

- Dressez la liste des demandes que vous a exprimées votre conjoint au cours des dernières semaines. Sélectionnez l'une d'entre elles chaque semaine et répondez-y comme preuve d'amour.
- Écrivez à votre conjoint un petit mot doux en l'accompagnant d'un service rendu, deux fois par semaine pendant un mois.
- Demandez à vos enfants de vous aider à lui rendre service.

SIXIÈME CHAPITRE

Langage de l'amour 5

Le toucher physique

Le toucher physique est aussi un moyen puissant pour communiquer son amour. Se tenir par la main, s'embrasser, s'étreindre, faire l'amour... Pour certains individus, le toucher physique est le principal langage émotionnel. Sans lui, ils se sentent malaimés ; avec, leur réservoir d'amour est rempli, et ils se sentent en sécurité dans l'amour de leur conjoint.

Le toucher physique peut faire ou défaire une relation, il peut communiquer de la haine ou de l'amour. Pour la personne dont le principal langage de l'amour est le toucher physique, un geste sera bien plus fort que les mots « je te hais » ou « je t'aime ». Une gifle est préjudiciable à tout enfant, mais elle bouleversera encore plus celui dont le premier langage émotionnel est le toucher. Prendre tendrement un enfant dans ses bras est un geste d'amour, mais cela sera bien plus puissant pour celui qui est sensible au toucher. Il en va de même pour les adultes.

Dans un couple, le toucher amoureux s'exprime sous plusieurs formes. Comme les capteurs sensoriels sont situés sur l'ensemble du corps, quasiment tout geste amoureux peut être une expression d'amour. Toutefois, cela ne signifie pas que tous les gestes sont égaux et certains apporteront plus de plaisir que d'autres. Votre meilleur professeur demeure bien sûr votre partenaire. Après tout, il est celui que vous cherchez à combler et il est le seul à pouvoir vous indiquer ce qui lui plaît. Veillez à ne pas lui imposer votre rythme et vos caresses préférées. Apprenez à parler son dialecte de l'amour. Ne faites pas l'erreur de croire que les gestes qui vous plaisent lui apporteront également du plaisir.

Les gestes amoureux peuvent être explicites et exiger une attention totale, comme par exemple un massage du dos ou des préliminaires se concluant par l'acte sexuel. Ils peuvent également être implicites et brefs, comme quand vous posez votre main sur son épaule lorsque vous lui versez une tasse de café ou que vous le frôlez lorsque vous passez dans la cuisine. Les gestes explicites de l'amour demandent évidemment plus de temps, non seulement pour les gestes en eux-mêmes, mais pour mieux comprendre comment exprimer cet amour envers votre conjoint. Si votre partenaire apprécie particulièrement les massages du dos, alors consacrez le temps, l'argent et l'énergie nécessaires pour devenir un bon masseur. Si les rapports sexuels sont le principal dialecte de votre conjoint, documentez-vous sur l'art de faire l'amour.

Les gestes implicites de l'amour prennent peu de temps mais demandent plus de réflexion, particulièrement si le toucher physique n'est pas votre principal langage émotionnel, et si vous avez grandi dans une famille ne favorisant pas les contacts physiques. Par exemple, se rapprocher l'un de l'autre dans le canapé lorsque vous regardez votre programme télé favori ne prend pas plus de temps, mais peut être une puissante expression d'amour. Toucher votre conjoint lorsque vous traversez la pièce où il est assis ne prend qu'un moment. De même, votre partenaire peut être très sensible à un bref baiser ou une courte étreinte quand vous partez au travail et quand vous rentrez à la maison.

Le corps est là pour être touché

Tout ce qui me constitue se trouve dans mon corps. Toucher mon corps, c'est me toucher moi. S'éloigner de mon corps, c'est mettre de la distance émotionnelle avec moi. Dans notre société, une poignée de main est un moyen de communiquer l'ouverture et la proximité sociale. Lorsque, en de rares occasions, un homme refuse de serrer la main à un autre, cela indique que quelque chose ne va pas entre eux.

Crise et toucher physique

Presque instinctivement, nous nous étreignons en cas de crise. Pourquoi cela ? Parce que le toucher physique est un puissant communicateur d'amour. En période de crise, nous avons besoin, plus que tout, de nous sentir aimés. Nous ne pouvons pas toujours changer les événements, mais si nous nous sentons aimés, nous pouvons y survivre.

Tous les mariages traverseront des crises : la mort des parents est inévitable, les accidents de la route sont responsables de handicaps et de décès tous les ans, la maladie peut toucher n'importe qui, et les déceptions font partie de la vie. En cas de crise, la chose la plus importante que vous puissiez faire pour votre conjoint est de l'aimer. Si le principal langage de l'amour de votre moitié est le toucher physique, rien n'est plus important que de le tenir dans vos bras lorsqu'il pleure. Vos mots n'auront peut-être pas d'impact, mais vos gestes indiqueront que vous vous sentez concerné. Les crises sont un contexte très particulier dans lequel manifester votre affection. On se rappellera vos tendres attentions bien après que la crise soit passée, mais votre partenaire ne vous pardonnera peut-être jamais d'avoir été incapable de le tenir dans vos bras.

SI LE LANGAGE DE L'AMOUR DE VOTRE CONJOINT CORRESPOND AU TOUCHER PHYSIQUE :

- Lorsque vous allez faire les courses, prenez la main de votre conjoint.
- Quand votre conjoint arrive à la maison, allez l'accueillir et serrez-le fort dans vos bras.
- Initiez l'activité sexuelle en offrant à votre conjoint un massage des pieds.

SEPTIÈME CHAPITRE

Découvrir l'amour qui dure

Découvrir le principal langage de l'amour de votre conjoint est essentiel si vous voulez garder son réservoir émotionnel plein. Mais d'abord, assurons-nous que vous connaissez votre propre langage de l'amour. Après avoir entendu parler des cinq langages de l'amour,

* les paroles valorisantes,
* les moments de qualité,
* les cadeaux,
* les services rendus,
* le toucher physique,

certains sauront instantanément déterminer le leur et celui de leur conjoint. Pour d'autres, cela ne sera pas aussi aisé.

Quel langage émotionnel parlez-vous ? Qu'est-ce qui vous fait ressentir le plus l'amour de votre partenaire ? Que désirez-vous par-dessus tout ?

Voici trois conseils pour découvrir votre propre langage de l'amour :

1. Qu'est-ce que votre conjoint fait ou néglige de faire et qui vous affecte profondément ? Le contraire de ce qui vous blesse le plus définit votre langage de l'amour.
2. Qu'avez-vous demandé le plus souvent à votre conjoint ? C'est probablement ce qui vous ferait vous sentir mieux aimé.
3. Comment avez-vous l'habitude d'exprimer votre amour ? C'est sans doute ainsi

que vous aimeriez que votre partenaire s'adresse à vous.

L'amour est un choix

Comment pouvons-nous parler le langage de l'amour de l'autre, alors que nous sommes blessés et en colère et que nous nous reprochons les échecs passés ? La réponse à cette question se trouve dans la nature profonde de notre humanité : nous avons la capacité à faire nos propres choix. Toutefois, cela implique que nous puissions aussi faire de mauvais choix, ce qui nous est arrivé à tous un jour ou l'autre. Nous avons critiqué et blessé par nos paroles ou nos actes. Nous ne sommes pas fiers de ces mauvaises actions, bien qu'elles aient pu nous sembler justifiées sur le moment. Mais ce n'est pas parce que nous avons fait de mauvais choix dans le passé que nous allons recommencer. Bien au contraire, nous pouvons dire à notre conjoint : « Je suis désolé. Je sais que je t'ai blessé, mais je voudrais que notre avenir soit différent. J'aimerais t'exprimer mon amour dans ton langage émotionnel et répondre à tes besoins. » J'ai vu des mariages au bord du divorce être sauvés quand les couples ont fait le choix de s'aimer.

L'amour n'efface pas le passé, mais il permet d'envisager l'avenir sous un jour différent. Lorsque nous choisissons d'exprimer notre amour dans le principal langage émotionnel de notre conjoint, nous créons un climat favorable à la résolution de nos conflits et de nos échecs passés.

Répondre aux besoins de ma femme par amour est un choix que je fais chaque jour. Si je connais son principal langage de l'amour et que je choisis de le parler, son besoin émotionnel le plus profond sera comblé, et elle se sentira en sécurité dans mon amour. Si elle fait la même chose pour moi, mes besoins émotionnels seront satisfaits, et nous vivrons tous deux avec un réservoir plein. Grâce à cet équilibre émotionnel, nous consacrerons nos énergies à des projets enrichissants à côté de notre mariage, tandis que nous continuerons à faire s'épanouir notre couple.

Chaque jour, nous nous obligeons à faire des choses qui ne nous sont pas naturelles, comme par exemple sortir du lit le matin. Nous allons contre notre nature et nous nous levons. Pourquoi ? Parce que nous sommes convaincus que cela en vaut la peine. Et généralement, avant la fin de la journée, nous sommes contents de nous être levés. Nos actions sont passées avant nos émotions.

Il en va de même pour l'amour. Nous découvrons le principal langage émotionnel de notre partenaire, et nous choisissons de le parler, qu'il nous corresponde ou pas. Ce n'est pas l'exaltation des sentiments que nous cherchons, mais simplement à agir dans l'intérêt de notre moitié. Nous voulons répondre à ses besoins émotionnels, et nous faisons l'effort de parler son langage. Ainsi, son réservoir d'amour se remplit et il est probable qu'il vous rendra la pareille en vous parlant dans votre langage. C'est alors que nos émotions reviennent, et que notre réservoir d'amour commence à se remplir.

L'amour est un choix, et chacun peut le faire aujourd'hui.

L'amour fait la différence

L'amour n'est pas notre seul besoin fondamental. Les psychologues en ont découvert d'autres, parmi lesquels le besoin de sécurité, d'estime de soi et de reconnaissance. L'amour, toutefois, est relié à tous ces besoins.

Si je me sens aimé par mon conjoint, je peux me détendre, sachant qu'il ne me fera pas de mal. Je me sens en sécurité en sa présence. Je peux alors faire face aux doutes qui m'assaillent dans mon activité professionnelle par exemple. J'ai peut-être des adversaires dans d'autres domaines de ma vie, mais avec mon conjoint je me sens bien.

L'amour de mon conjoint nourrit mon estime de soi. Après tout, s'il m'aime, c'est que je dois être digne d'être aimé. J'ai peut-être, à cause de mes parents, une image de moi négative ou mitigée, mais mon partenaire connaît l'adulte que je suis, et il m'aime. Son amour contribue à renforcer mon estime de soi.

Le besoin de reconnaissance est la force émotionnelle qui se cache derrière la plupart de nos comportements. Le désir de réussir gouverne nos vies ; nous voulons laisser une marque. Chacun d'entre nous se fait sa propre idée de la réussite, et nous travaillons dur pour atteindre nos objectifs. Se sentir aimé par son conjoint comble notre besoin de reconnaissance. Nous pensons : si quelqu'un m'aime, c'est que je dois avoir de la valeur.

Au contraire, si nous ne nous sentons pas aimés par notre partenaire, nos différences sont exacerbées. Chacun voit l'autre comme une menace à son bonheur. Nous nous battons pour gagner estime de soi et reconnaissance.

Dès lors, le mariage devient un champ de bataille plutôt qu'un havre de paix.

L'amour ne résout pas tous les problèmes, mais il crée un climat de sécurité dans lequel nous pouvons chercher la réponse à ce qui nous préoccupe. Dans ce contexte, un couple peut discuter de ses différences en toute liberté et les conflits peuvent être résolus. Deux personnes différentes peuvent apprendre à vivre ensemble en harmonie. Nous apprenons à révéler le meilleur de l'autre. Voilà les bienfaits de l'amour.

L'amour peut-il renaître, dans un mariage ? Naturellement. Le secret est d'apprendre le principal langage de l'amour de votre conjoint et de décider de le parler.

Achevé d'imprimer en mars 2022
sur les presses de Sepec Imprimeur.
Numéro d'impression : 14537220110
Douzième tirage
Dépôt légal : avril 2015
Imprimé en France

IMPRIM'VERT®